Pierre LEDOUX

De zéro à héro

Une ascension dans l'adversité

Préface

Cher lecteur,

Dans les pages qui suivent, vous découvrirez l'histoire inspirante de Paul, un homme dont le parcours de vie illustre la capacité de l'être humain à surmonter les défis, à transformer l'adversité en opportunité, et à atteindre des sommets insoupçonnés malgré les obstacles rencontrés.

De zéro à héro: Une ascension dans l'adversité est bien plus qu'un récit de succès personnel ; c'est un voyage profondément humain à travers les hauts et les bas de la condition humaine. Au fil des pages, vous serez témoin des triomphes et des échecs de Paul, de ses moments de doute et de désespoir, mais aussi de sa résilience inébranlable et de sa détermination indomptable.

À travers le personnage de Paul, nous sommes invités à réfléchir sur nos propres défis et aspirations. Nous sommes encouragés à croire en notre potentiel, à cultiver la force intérieure nécessaire pour surmonter les obstacles, et à poursuivre nos rêves avec passion et détermination.

Ce récit est aussi une célébration de la force des liens humains et de la connexion avec les autres. Vous découvrirez comment les relations de Paul, qu'elles soient familiales, amicales ou professionnelles, ont joué un rôle crucial dans son parcours vers le succès. Vous serez inspiré par la façon dont il a trouvé un soutien précieux dans ceux qui l'entourent, et comment il a, à son tour, été une source d'inspiration et de soutien pour les autres.

Enfin, **De zéro à héro** est un rappel poignant que le succès est bien plus qu'une destination à atteindre, mais plutôt un voyage sans fin de croissance personnelle et d'évolution. À travers les hauts et les bas de son propre chemin, Paul nous rappelle que le vrai succès réside dans la capacité à vivre une vie de sens et de contribution, en restant fidèle à nos valeurs et en embrassant chaque moment avec gratitude et humilité.

Je vous invite donc, cher lecteur, à plonger dans cette histoire captivante, à vous laisser inspirer par le voyage de Paul, et à découvrir les leçons précieuses qu'il a à offrir. Puissiez-vous être encouragé à poursuivre vos propres rêves, à surmonter vos propres défis, et à embrasser la beauté et la richesse de la vie avec courage et détermination.

Avec gratitude,

Pierre LEDOUX

SYMBOLIQUE

Homme : Protagoniste du roman. L'histoire de cet homme est celle d'une ascension extraordinaire.

Zéro : Au départ, il était au plus bas, symbolisé par le bas de la montagne.

Héro : Mais avec détermination et courage, il a entrepris un voyage difficile vers le sommet de la montagne. La solitude et les défis n'ont pas été faciles, mais il a persévéré.

Mains levées : Au sommet, il a trouvé la victoire, symbolisée par ses mains levées en signe de triomphe.

Aigle : L'aigle dans le ciel représente la liberté et l'élévation. L'aigle, oiseau des hauteurs accueille favorablement le nouvel arrivant.

Arc-en-ciel : L'arc-en-ciel apporte de la couleur et de l'espoir à son parcours scellant ainsi une alliance d'accomplissement.

Sommaire :

Chapitre 1 : Les racines de l'espoir

Paul voit le jour dans un quartier défavorisé, mais sa famille lui inculque les valeurs de l'espoir et du travail acharné.

Chapitre 2 : La jeunesse et les rêves

Les premiers rêves de Paul prennent forme alors qu'il découvre son désir ardent de réussir malgré les circonstances difficiles.

Chapitre 3 : Les défis de l'adolescence

Paul doit surmonter les obstacles qui se dressent sur son chemin, y compris les pressions sociales et économiques.

Chapitre 4 : Le départ audacieux

Dans un acte de courage, Paul décide de quitter sa ville natale pour poursuivre ses aspirations, malgré les doutes et les peurs.

Chapitre 5 : Les premiers pas

Paul s'aventure dans l'inconnu, faisant face à des défis nouveaux et inattendus alors qu'il trace son chemin vers un avenir meilleur.

Chapitre 6 : Les leçons de l'échec

Malgré ses efforts, Paul rencontre des revers qui mettent à l'épreuve sa détermination et lui enseignent des leçons précieuses.

Chapitre 7 : La rencontre déterminante

Un mentor inspirant entre dans la vie de Paul, lui offrant conseils et soutien au moment où il en a le plus besoin.

Chapitre 8 : La quête de connaissance

Paul se plonge dans l'apprentissage et l'acquisition de compétences, reconnaissant que le savoir est la clé de son succès futur.

Chapitre 9 : Les épreuves du chemin

Le parcours de Paul est semé d'embûches et de défis, mais il refuse de céder au découragement, puisant sa force dans sa détermination inébranlable.

Chapitre 10 : La renaissance

Face à l'adversité, Paul trouve en lui la force de persévérer, redoublant d'efforts pour atteindre ses objectifs.

Chapitre 11 : Les fondations du succès

Paul fait face à des moments de crise et de difficultés, mais sa résilience lui permet de surmonter les pires tempêtes.

Chapitre 12 : Les alliés de la réussite

Les premiers succès de Paul lui ouvrent de nouvelles portes, le propulsant vers des sommets insoupçonnés.

Chapitre 13 : Les sacrifices inévitables

Pour réaliser ses rêves, Paul doit faire des sacrifices et prendre des décisions difficiles qui affectent sa vie personnelle et professionnelle.

Chapitre 14 : Les victoires du courage

Paul affine ses objectifs et sa vision pour l'avenir, se plongeant dans une profonde introspection pour distinguer les contours de ses aspirations les plus profondes et visualiser les étapes concrètes qu'il devra franchir pour les atteindre.

Chapitre 15 : Les triomphes de la résilience

Paul s'engage dans une recherche incessante de perfectionnement et d'excellence dans tout ce qu'il entreprend.

Chapitre 16 : Les récompenses du travail acharné

Paul réalise l'importance du travail acharné dans sa quête de succès.

Chapitre 17 : Persévérance vs échec

Malgré les obstacles et les revers, Paul persiste dans sa détermination à réussir, refusant de se laisser décourager.

Chapitre 18 : La gratitude et l'abondance

Paul découvre deux valeurs essentielles et les partage à ses proches pour les encourager à poursuivre leurs rêves.

Chapitre 19 : La compassion et l'empathie

Les succès de Paul sont entrelacés avec des défis continus, mais il apprend à célébrer chaque victoire, quelle que soit sa taille, avec compassion et empathie.

Chapitre 20 : La fierté et l'accomplissement

Paul est fier de s'accomplir après avoir parcouru un chemin parsemé d'embûches.

Chapitre 21 : Les défis du maintien du succès

Réussir est une chose mais maintenir la réussite en est une autre : ainsi se définissent les nouveaux défis de Paul.

Chapitre 22 : La transmission du savoir

Paul réfléchit aux expériences passées, en tirant des leçons précieuses pour guider ses choix et ses actions futures et les transmettre aux autres.

Chapitre 23 : Les relations et les connexion

Paul tisse des relations fructueuses avec son entourage et il voit ses efforts et son dévouement porter leurs fruits.

Chapitre 24 : La redéfinition du succès

Paul réalise que la véritable grandeur réside non seulement dans les réalisations personnelles, mais aussi dans la capacité à inspirer et à influencer positivement les autres.

Chapitre 25 : Le voyage sans fin

À la fin de son voyage, Paul laisse derrière lui un héritage durable, inspirant les générations futures à poursuivre leurs propres rêves et à croire en leur potentiel.

Introduction

Dans les annales de l'histoire, il existe des récits qui transcendent les époques, des histoires de triomphe sur l'adversité, d'espoir contre toute attente, et de courage face à l'incertitude. **De zéro à héro** est l'un de ces récits intemporels, une saga captivante qui nous emmène dans un voyage inspirant à travers la vie d'un homme ordinaire qui est devenu extraordinaire.

Au cœur de cette histoire se trouve Paul, un individu dont le nom pourrait être facilement perdu dans les méandres de l'oubli, mais dont le parcours de vie brille comme une étoile dans la nuit. Né dans des circonstances modestes, Paul a été confronté dès son plus jeune âge à des défis et des obstacles qui auraient pu facilement éteindre la flamme de son ambition. Mais au lieu de se laisser submerger par les circonstances, il a puisé dans une source intérieure de force et de résilience qui l'a propulsé vers des sommets inimaginables.

De zéro à héro est bien plus qu'une simple chronique des réalisations de Paul ; c'est une exploration profonde de la condition humaine, de la lutte pour le succès et de la quête de sens dans un monde en perpétuel changement. À travers les pages de ce roman, nous sommes invités à plonger dans les profondeurs de l'âme humaine, à découvrir les joies et les peines, les espoirs et les désespoirs qui jalonnent le chemin de Paul vers la grandeur.

Ce récit est une célébration de la force de la volonté humaine, de la capacité de l'être humain à surmonter les défis les plus redoutables et à transformer l'adversité en opportunité. C'est une histoire d'inspiration et de courage, qui nous rappelle que peu importe d'où l'on vient, ou les obstacles auxquels on est confronté, il est toujours possible de réaliser ses rêves et de devenir la meilleure version de soi-même.

Alors, embarquez avec nous pour un voyage inoubliable à travers les hauts et les bas, les triomphes et les échecs de la vie de Paul. Venez découvrir avec nous la puissance de la résilience, de la détermination et de la foi en soi, et soyez inspiré par le récit captivant de **De zéro à héro**.

Chapitre 1 : Les racines de l'espoir

Dans les rues étroites et poussiéreuses d'un quartier défavorisé, la vie s'éveillait lentement au rythme des premières lueurs du jour. C'était ici, au cœur de cette communauté modeste, que Paul fit son entrée dans le monde. Issu d'une famille humble, il était le fruit de l'amour et de la détermination de ses parents, qui avaient eux-mêmes connu les luttes et les défis inhérents à la vie dans un tel environnement.

Paul grandit dans un environnement où chaque jour était une lutte pour la survie. Les rues pavées de son quartier étaient le théâtre de la vie quotidienne, où les défis étaient monnaie courante et où les espoirs étaient souvent étouffés par les réalités brutales de la vie.

Mais même dans cet environnement hostile, Paul fut entouré de l'amour et des soins attentifs de sa famille. Malgré les circonstances difficiles, ses parents avaient une vision claire pour l'avenir de leur enfant. Ils savaient que l'espoir était un trésor précieux dans ce quartier où les opportunités semblaient rares et les rêves souvent étouffés par la réalité implacable de la pauvreté.

Dès son plus jeune âge, Paul était témoin du travail acharné et de la résilience de ses parents. Son père, un ouvrier dans une usine locale, rentrait chaque soir fatigué mais déterminé à offrir à sa famille le meilleur avenir possible. Sa mère, une femme forte et bienveillante, jonglait avec les responsabilités du foyer tout en veillant à ce que ses enfants reçoivent une éducation solide et des valeurs morales solides.

C'est au sein de ce foyer aimant et courageux que Paul apprit les premières leçons de la vie. Ses parents lui enseignèrent que même dans les moments les plus sombres, il y avait toujours de la lumière à l'horizon, et que chaque défi était une occasion de grandir et de devenir plus fort. Ils lui inculquèrent l'importance du travail acharné, de l'intégrité et de la persévérance, des valeurs qui allaient façonner le cours de sa vie.

Les premières épreuves de la vie de Paul vinrent rapidement, comme des vagues s'abattant sur un navire fragile. La lutte pour les besoins les plus élémentaires était une réalité quotidienne, et chaque jour était une bataille pour mettre un peu de nourriture sur la table et un toit au-dessus de leur tête. Mais malgré ces difficultés, la famille de Paul resta unie, se serrant les coudes dans les moments les plus sombres et se nourrissant de l'espoir d'un avenir meilleur.

En dépit des difficultés et des limitations de leur situation, la famille de Paul était riche en espoir et en optimisme. Ils croyaient fermement en un avenir meilleur et encourageaient Paul à poursuivre ses rêves avec passion et détermination. C'était là, dans les racines profondes de cet espoir inébranlable, que le voyage extraordinaire de Paul vers le sommet de la réussite commença.

Dès lors se dessinaient les fondations de l'optimisme et de la détermination qui guideront Paul tout au long de son périple. Les leçons de courage et de résilience apprises dans son enfance seront les piliers sur lesquels il construira son avenir, transformant les défis en opportunités et les rêves en réalité.

Chapitre 2 : La jeunesse et les rêves

L'enfance de Paul était une époque de découvertes et d'explorations, où chaque jour apportait de nouvelles aventures et de nouvelles possibilités. Dans les rues animées de son quartier, il découvrait un monde rempli de couleurs, de saveurs et de promesses, un monde qui nourrissait sa curiosité et alimentait ses rêves.

Les premières étincelles de rêve naissaient dans le cœur de Paul. C'était un enfant observateur, curieux de tout ce qui l'entourait. Il voyait des gens lutter, mais il voyait aussi des étincelles d'espoir briller dans leurs yeux fatigués. Ces lueurs lointaines étaient comme des étoiles dans la nuit sombre de sa réalité, des rappels constants qu'il existait quelque chose de plus grand, quelque chose qui valait la peine de lutter.

Malgré les défis qui persistaient autour de lui, Paul était animé par un feu intérieur, une passion brûlante qui le poussait à rêver grand, même dans les moments les plus sombres. Il regardait les gratte-ciel percer le ciel et rêvait de toucher les étoiles, de dépasser les limites imposées par sa condition et de s'élever au-dessus des circonstances qui semblaient vouloir le retenir.

À l'école, Paul trouva refuge et inspiration dans les livres. À travers les pages usées de vieux romans et les leçons enseignées par des professeurs dévoués, il découvrit un monde d'idées et de possibilités infinies. Chaque histoire était une invitation à l'imagination, chaque leçon une étincelle de connaissance qui nourrissait son esprit avide.

Chaque page tournée ouvrait une fenêtre sur un nouveau monde, élargissant son horizon et stimulant son imagination. Il dévorait avidement les histoires de héros intrépides, d'explorateurs courageux et d'artistes visionnaires, rêvant un jour de marcher sur leurs traces et de laisser sa propre empreinte sur le monde.

C'est là, dans la salle de classe poussiéreuse, que les premières graines de l'ambition furent semées dans le cœur de Paul. Il commença à rêver de jours meilleurs, de possibilités illimitées, de la chance de créer sa propre destinée. Il savait que le chemin vers la réussite serait long et semé d'embûches, mais il refusa de se laisser décourager. Il embrassa chaque défi avec détermination, chaque obstacle comme une opportunité de grandir et d'apprendre.

Les racines de l'ambition de Paul étaient profondément ancrées dans son désir ardent de réussir, de transcender les limites de sa condition et de réaliser son plein potentiel. Dans le cœur de ce jeune garçon modeste, un feu brûlait, alimenté par l'espoir, la curiosité et le désir infatigable de s'élever au-dessus des circonstances de sa naissance.

Au fil des années, les rêves de Paul prenaient forme et substance, prenant racine dans son cœur et se transformant en aspirations concrètes. Il rêvait de devenir un architecte renommé, de concevoir des bâtiments qui défieraient les lois de la gravité et inspireraient les générations futures. Il rêvait de voyager à travers le monde, d'explorer des contrées lointaines et de découvrir les merveilles cachées de la planète. Et surtout, il rêvait de faire honneur à ses parents, de leur offrir une vie meilleure et de leur montrer que leurs sacrifices n'étaient pas vains.

Malgré les obstacles et les doutes qui se dressaient sur son chemin, Paul refusait de laisser ses rêves s'effacer. Il était animé d'une détermination farouche, d'une conviction inébranlable en ses capacités et en ses aspirations. Il était prêt à affronter chaque défi avec courage et résilience, car il savait que ses rêves valaient chaque effort et chaque sacrifice.

Et ainsi commença le voyage de Paul vers l'accomplissement de ses rêves, un voyage marqué par la conviction inébranlable d'un jeune homme déterminé à faire de sa vie une œuvre d'art, une histoire de triomphe et de gloire dans l'adversité.

Peu à peu se caricaturait une émergence des rêves de Paul, une transformation d'idées abstraites en aspirations tangibles. C'est le doux âge de jeunesse et d'innocence, où les possibilités semblent infinies et où l'espoir brille comme un phare dans l'obscurité. C'est le début d'un voyage extraordinaire, un voyage qui le mènera des rues étroites de son quartier à des sommets insoupçonnés de réussite et d'accomplissement.

Chapitre 3 : Les défis de l'adolescence

L'adolescence, cette période tumultueuse de la vie où les rêves se heurtent souvent à la réalité et où les défis semblent surgir à chaque tournant, n'a pas épargné Paul. Alors qu'il naviguait à travers les eaux tumultueuses de cette phase de transition, il fut confronté à une série d'obstacles qui menaçaient de compromettre ses aspirations et ses espoirs.

Au fur et à mesure que Paul poursuivait ses rêves avec passion et détermination, il rencontra les premiers obstacles sur son chemin. Ces obstacles n'étaient pas seulement des défis extérieurs, mais aussi des luttes intérieures contre le doute et la peur.

Parmi les défis les plus pressants auxquels Paul était confronté se trouvaient les pressions sociales. Dans un environnement où les normes sociales étaient rigides et impitoyables, il était souvent difficile de se démarquer et de suivre sa propre voie. Les attentes des autres pesaient lourdement sur ses épaules, et il se sentait parfois écrasé sous le poids des conventions et des préjugés.

Le premier obstacle vint sous la forme de l'adversité économique. La famille de Paul luttait chaque jour pour joindre les deux bouts, et chaque centime comptait. Malgré ses meilleurs efforts pour contribuer au foyer, Paul se sentait souvent impuissant devant les réalités économiques oppressantes. Mais au lieu de se laisser abattre, il utilisa cette adversité comme un catalyseur pour renforcer sa détermination. Chaque difficulté était une occasion de prouver sa résilience et sa ténacité.

Un autre obstacle vint sous la forme des doutes de son entourage. Certains membres de sa famille et même certains de ses amis exprimaient des scepticismes quant à ses aspirations ambitieuses. Ils lui disaient que ses rêves étaient irréalistes, que le succès était réservé à ceux qui étaient nés avec une cuillère en argent dans la bouche. Mais Paul refusa de laisser les opinions des autres définir ses limites. Il choisit plutôt de se concentrer sur sa vision, de nourrir ses rêves avec détermination et de croire en lui-même quand personne d'autre ne le ferait.

Ces premiers obstacles étaient des tests de la détermination de Paul, des défis qui le forcèrent à puiser dans ses réserves intérieures de force et de courage. Mais à travers chaque épreuve, il grandit plus fort et plus résolu. Il comprit que les obstacles faisaient partie intégrante du voyage vers le succès, et que c'étaient ces défis qui forgeaient le caractère et alimentaient le feu de la passion qui brûlait en lui.

À certains moments, les rêves de Paul semblaient parfois lointains et inaccessibles dans un monde où l'argent était roi et où les opportunités étaient réservées à ceux qui pouvaient se permettre de les saisir. Ce sentiment d'éloignement de ses rêves était aussi renforcé par l'étape de la jeunesse qui dévorait à grandes dents les velléités de plusieurs jeunes par la découverte de la sexualité et autres loisirs laissant peu de place au murissement de sa vocation. La réorientation de plusieurs projections de jeunes faute de moyens de leurs ambitions n'en était pas aussi un facteur moins important.

Pourtant, malgré ces obstacles, Paul refusait de se laisser décourager. Il puisait sa force dans sa détermination inébranlable et dans la conviction profonde que rien ne pouvait arrêter quelqu'un qui rêvait aussi grand que lui. Il savait que le chemin vers la réussite serait difficile, mais il était prêt à affronter chaque défi avec courage et détermination, car il savait que chaque épreuve le rapprochait un peu plus de ses rêves.

Au fil des années, Paul apprit à naviguer à travers les tourbillons de la vie adolescente, transformant chaque obstacle en opportunité et chaque défi en leçon. Il découvrit qu'il avait une force intérieure insoupçonnée, une force qui lui permettait de résister aux tempêtes de la vie et de continuer à avancer, même lorsque les vents soufflaient fort.

La lutte de Paul était orientée contre les défis de l'adolescence, une période où les pressions sociales et économiques menaçaient de compromettre ses rêves. Cette étape de jeunesse où plusieurs adolescents se perdaient dans leurs loisirs fut pour Paul une période de croissance et de maturation, où il apprit à surmonter l'adversité et à rester fidèle à lui-même, peu importe les obstacles qui se dressaient sur son chemin.

Chapitre 4 : Le départ audacieux

Alors que Paul contemplait son avenir avec une intensité croissante, un sentiment d'insatisfaction grandissait en lui. Malgré ses efforts et sa détermination, il sentait que quelque chose manquait dans sa vie, un vide qui ne pouvait être comblé par les routines de son quotidien.

C'est ainsi qu'un jour, une idée audacieuse germa dans son esprit. Une idée qui semblait folle aux yeux de certains, mais qui résonnait profondément avec la vérité de son être. Il décida de prendre un chemin différent, de briser les chaînes de la familiarité et de se lancer dans l'inconnu.

Cette décision fut un tournant décisif dans sa vie. Il prit le risque de quitter sa ville natale, de laisser derrière lui les certitudes et les conforts de sa vie quotidienne, pour explorer de nouveaux horizons et saisir de nouvelles opportunités. C'était un acte de foi dans son propre potentiel, un acte de courage face à l'incertitude de l'avenir.

Le moment était venu pour Paul de mettre en route son choix qui allait définir le cours de sa vie pour les années à venir même si les ombres de l'incertitude et de l'appréhension planaient sur lui.

Pour Paul, ce n'était pas simplement un départ physique, mais un saut dans l'inconnu, un plongeon tête première dans les eaux tumultueuses de l'avenir. Quitter le confort et la sécurité de sa ville natale représentait un défi immense, mais il savait au fond de lui que c'était le seul moyen de réaliser ses rêves les plus chers.

Malgré les réticences de sa famille et les mises en garde de ses amis, Paul resta fidèle à sa conviction que le chemin vers le succès commençait par un pas en avant. Il savait qu'il devait briser les chaînes qui le retenaient, qu'il devait s'éloigner de son passé pour embrasser son avenir avec courage et détermination.

Le jour du départ arriva enfin, chargé d'émotions et de sentiments contradictoires. Alors qu'il regardait une dernière fois les rues familières de sa ville natale disparaître derrière lui, Paul sentit un mélange d'excitation et de nostalgie envahir son cœur. Il était prêt à affronter l'inconnu, à embrasser les défis qui l'attendaient avec optimisme et résolution.

Le voyage vers l'inconnu sera parsemé d'embûches et de défis, mais Paul ne fléchit pas. Il puisa sa force dans sa détermination incassable et dans l'intime conviction que chaque pas le rapprochait un peu plus de ses rêves. Les doutes et les peurs qui l'avaient assailli autrefois furent balayés par la certitude que le courage et la persévérance étaient ses plus grands alliés dans sa quête de succès.

Le départ audacieux de Paul de sa ville natale fut un acte de courage et de détermination qui marqua le début d'une nouvelle aventure. Cette bravoure mêlée et à sa résolution d'embrasser l'inconnu furent ses alliées dans sa quête de réussite et de vie meilleure que celles qu'il avait connues jusque-là. Il se souvint toujours de cette citation tirée de ses lectures et attribuée à Albert Einstein : « ***La folie, c'est de faire toujours la même chose et de s'attendre à un résultat différent*** ». Il lui fallait donc quitter, à tout prix, son train-train quotidien s'il aspirait à une vie meilleure. Et pour cela, il devait donc être prêt à affronter les défis qui l'attendaient sur le chemin de la réussite.

Chapitre 5 : Les premiers pas

Le départ de Paul de sa ville natale marqua le début d'un nouveau chapitre de sa vie, un chapitre où chaque pas était une aventure et chaque instant était empreint de possibilités infinies. Alors qu'il s'éloignait des terres familières et s'immergeait dans l'inconnu, il se sentait à la fois excité et nerveux face à ce qui l'attendait.

Ses premiers pas dans ce nouveau monde furent hésitants mais remplis de détermination. Il se lança dans la découverte de son nouvel environnement, absorbant chaque détail avec curiosité et émerveillement. Chaque rue, chaque bâtiment, chaque visage inconnu était une nouvelle pièce à ajouter au puzzle de sa nouvelle vie.

Pourtant, ce n'était pas facile. Sur la route vers la réalisation de ses rêves, il découvrit rapidement que le chemin vers le succès était loin d'être facile. Il se retrouva rapidement confronté à une série de défis et d'obstacles qui menaçaient de compromettre son enthousiasme naissant. Trouver un logement abordable, un emploi stable et se faire des amis dans un nouvel endroit était un défi en soi, mais Paul refusait de se laisser décourager.

Les premières embûches vinrent sous la forme de revers professionnels. Malgré ses efforts acharnés et son dévouement, il se heurta à des portes closes, à des refus répétés. Chaque échec semblait être un coup dur pour sa confiance en lui, mais il refusa de se laisser décourager. Au lieu de cela, il choisit de voir chaque obstacle comme une opportunité d'apprendre, de grandir, de s'améliorer.

En plus des défis professionnels, Paul dut également faire face à des obstacles personnels. Des moments de doute et d'incertitude assaillirent son esprit, remettant en question ses choix et ses aspirations. Mais à travers chaque tempête, il trouva la force de persévérer, de puiser dans sa résilience intérieure pour continuer à avancer malgré les vents contraires.

Les relations interpersonnelles furent également un terrain difficile à naviguer. Des amis qui doutaient de ses ambitions, des proches qui ne comprenaient pas ses choix. Paul dut faire face à des critiques et à des jugements, mais il resta fidèle à sa vision, à ses rêves, même lorsque le monde semblait conspirer contre lui.

Mais avec une détermination renouvelée, il s'attaqua à chaque défi un par un, utilisant sa force de caractère et sa créativité pour surmonter les obstacles qui se dressaient sur son chemin. Il chercha des opportunités là où d'autres voyaient des obstacles, transformant chaque épreuve en une leçon précieuse et chaque échec en une occasion d'apprendre et d'être victorieux se référant à un célèbre homme d'État, Nelson Mandela, qui déclara : « *Je ne perds jamais. Soit je gagne, soit j'apprends.* »

Au fil du temps, Paul commença à trouver son rythme dans ce nouvel environnement, à tisser des liens avec les personnes qu'il rencontrait et à s'enraciner dans sa nouvelle communauté. Il découvrit que le vrai bonheur résidait dans la capacité à s'adapter et à évoluer, à embrasser les changements et à les transformer en opportunités de croissance personnelle.

Ainsi, les premiers pas courageux de Paul n'ont pas été de tout repos dans son nouvel environnement, un voyage rempli de défis et d'opportunités. Ce fut une rencontre entre découverte et apprentissage, où Paul apprit à naviguer dans les eaux tumultueuses de la vie avec détermination et résilience, prêt à affronter tous les défis qui se présentaient sur son chemin.

Chapitre 6 : Les leçons de l'échec

Alors que Paul s'efforçait de construire sa nouvelle vie dans cet environnement inconnu, il fut confronté à une réalité brutale: l'échec faisait partie intégrante du voyage vers le succès. Malgré ses meilleurs efforts et sa détermination inébranlable, il rencontra des revers qui le mirent à l'épreuve et ébranlèrent sa confiance en lui.

Les premiers échecs de Paul furent des coups durs, des rappels douloureux que le chemin vers le succès était semé d'embûches et que chaque victoire était précédée par de nombreux revers. Il se sentit parfois tenté d'abandonner, de renoncer à ses rêves devant l'ampleur des défis qui se dressaient devant lui.

Pourtant, au lieu de se laisser submerger par le découragement, Paul choisit de tirer des leçons de ses échecs. Il comprit que chaque défaite était une occasion d'apprendre et de grandir, une opportunité de découvrir ses propres limites et de repousser ses propres frontières. Il réalisa que l'échec n'était pas une fin en soi, mais plutôt le début d'un nouveau chapitre, un chapitre où il pourrait utiliser les leçons apprises pour aller de l'avant avec plus de force et de détermination.

Au fil du temps, Paul commença à voir l'échec comme un allié plutôt que comme un ennemi, comme un catalyseur de croissance et de développement personnel. Il comprit que c'étaient les moments les plus sombres de sa vie qui le façonnaient le plus profondément, qui lui apprenaient les leçons les plus importantes sur lui-même et sur le monde qui l'entourait.

Paul affronta donc les premiers revers de son voyage tout en apprenant à surmonter l'adversité et à transformer chaque défaite en une opportunité de croissance. Paul découvrit la véritable force qui résidait en lui et réalisa que l'échec n'était qu'un tremplin vers le succès.

Chapitre 7 : La rencontre déterminante

Au moment où Paul commençait à ressentir le poids des défis qui se dressaient sur son chemin, une rencontre inattendue allait changer le cours de son voyage. C'était une rencontre qui allait devenir un tournant décisif dans sa quête de succès et de réalisation personnelle. Cette rencontre fortuite, en apparence insignifiante, se révéla être une source inattendue d'inspiration et de soutien pour lui et changea le cours de sa vie.

Cette rencontre se produisit lors d'un événement inopiné, un hasard du destin qui sembla orchestré par les forces de l'univers elles-mêmes. Paul croisa le chemin d'un mentor inspirant, une figure sage et bienveillante qui allait devenir un guide précieux dans sa vie.

Dans un café local, il croisa le chemin d'un étranger. Leur conversation anodine se transforma rapidement en une discussion profonde sur la vie, les rêves et les aspirations. Ce fut une révélation pour Paul, qui réalisa qu'il n'était pas seul dans sa quête de grandeur. Ce simple échange lui donna la force et la détermination nécessaires pour continuer à poursuivre ses rêves, même lorsque les obstacles semblaient insurmontables.

Lors de leurs échanges, Paul sentit une connexion profonde avec son mentor. Il était captivé par sa sagesse et son expérience, par la façon dont il semblait voir en lui des possibilités et un potentiel dont il n'avait jamais osé rêver. À travers leurs conversations et leurs interactions, Paul trouva non seulement des réponses à ses questions les plus pressantes, mais aussi un sens de direction et de clarté dans sa vie.

Le mentor de Paul devint son modèle, son inspirateur, celui qui lui montra la voie vers la réussite. Il lui offrit des conseils précieux, des encouragements sincères et un soutien inconditionnel alors qu'il louvoyait à travers les défis et les obstacles qui se dressaient sur son chemin. Grâce à lui, Paul apprit à voir au-delà des limitations auto-imposées et à croire en son propre potentiel.

Mais plus que tout, le mentor de Paul lui enseigna la valeur de l'empathie, de la générosité et du partage. Il lui montra que le vrai bonheur résidait dans la capacité à donner de soi-même, à aider les autres à réussir et à s'épanouir. Il lui apprit que le véritable héritage d'une vie bien vécue n'était pas mesuré en richesses matérielles, mais en les vies que l'on touche et les cœurs que l'on inspire.

Grâce à la rencontre déterminante de Paul avec son mentor, le cours de son voyage allait changer et être propulsé vers de nouveaux sommets de réussite et de réalisation personnelle. Cette rencontre de guidance et d'inspiration lui permit de trouver la lumière dans l'épaisse obscurité qui l'environnait jusque-là.

Chapitre 8 : La quête de connaissance

Guidé par les enseignements inspirants de son mentor, Paul se lança dans une quête ardente de connaissance. Il comprit que pour atteindre ses objectifs ambitieux, il devait se munir des outils nécessaires et développer ses compétences de manière approfondie.

Cette quête de connaissance fut bien plus qu'une simple recherche de savoir académique. Il comprit que l'apprentissage était un voyage continu, une exploration de soi-même et du monde qui l'entourait. Il se plongea dans une variété de sujets, allant de l'architecture à la philosophie, de la finance à la psychologie, cherchant à acquérir une compréhension holistique de la vie et de ses nombreux mystères.

Les livres devinrent ses compagnons les plus fidèles, ses guides dans son voyage vers la sagesse et la compréhension. Il passait des heures dans les bibliothèques locales,

dévorant les pages des grands penseurs et des visionnaires du passé, absorbant chaque mot avec une soif insatiable de savoir.

Mais l'apprentissage de Paul ne se limitait pas aux pages des livres. Il cherchait également à acquérir une expérience pratique dans son domaine d'intérêt. Il travailla comme stagiaire dans des entreprises prestigieuses, apprenant les ficelles du métier auprès des meilleurs de l'industrie. Chaque opportunité était une occasion d'apprendre, de grandir et de s'améliorer, et Paul les saisissait toutes avec enthousiasme et détermination.

Au fil du temps, la quête de connaissance de Paul commença à porter ses fruits. Il devint un expert dans son domaine, reconnu pour son savoir approfondi et son expertise inégalée. Mais plus que cela, il devint également un étudiant de la vie, un chercheur de vérité et de sagesse, cherchant à comprendre les mystères de l'univers et sa place en son sein.

Dans sa quête inlassable de savoir et de connaissance, Paul s'offrit un voyage de découverte et de croissance personnelle. Le dévouement et l'abnégation furent les éléments moteurs lui permettant d'embrasser le pouvoir transformateur de l'apprentissage et de se préparer à affronter les défis qui l'attendaient avec confiance et assurance.

Chapitre 9 : Les épreuves du chemin

Alors que Paul progressait sur son chemin vers la réussite, il fut confronté à une série d'épreuves qui testèrent sa résilience et sa détermination. Ces épreuves, bien que difficiles à surmonter, furent cruciales pour son développement personnel et professionnel.

Les premiers défis survinrent sur le plan professionnel. Paul se trouva confronté à des responsabilités croissantes, à des exigences de plus en plus élevées. Les attentes furent grandes, et chaque décision qu'il prit fut scrutée de près. Il devait jongler avec les pressions du travail, les délais serrés et les demandes incessantes, tout en maintenant un niveau élevé de performance et d'excellence.

La deuxième épreuve vint sous la forme de difficultés financières. Alors qu'il travaillait sans relâche pour atteindre ses objectifs, il se retrouva parfois en difficulté financière. Les factures s'accumulaient, les dettes augmentaient, et il semblait parfois impossible de joindre les deux bouts. Mais plutôt que de se laisser submerger par le découragement, il utilisa cette difficulté comme catalyseur pour redoubler d'efforts et chercher des solutions créatives à ses problèmes financiers.

Enfin, la troisième épreuve vint sous la forme de défis personnels. Paul dut faire face à des difficultés dans sa vie personnelle, des défis qui testèrent sa force intérieure et son attitude émotionnelle. Les relations interpersonnelles devinrent complexes, les tensions montèrent et les conflits éclatèrent. Il devait trouver un équilibre délicat entre sa vie professionnelle et sa vie personnelle, entre ses aspirations professionnelles et ses responsabilités familiales.

À travers ces épreuves, Paul apprit des leçons sur la persévérance et la force intérieure. Il comprit que les défis de la vie étaient des occasions de croissance et de développement, des tests qui le préparaient à affronter les défis encore plus grands qui l'attendaient à l'avenir.

Finalement, Paul traversa avec un acharnement incessant les épreuves du chemin, apprenant à surmonter l'adversité et à grandir à travers les défis. Sans le soupçonner, Paul découvrit le pouvoir de sa propre force intérieure et la capacité de prendre de la hauteur dans chaque situation jonchant le chemin de sa vie.

Chapitre 10 : La renaissance

Après avoir traversé les épreuves et les défis qui jalonnèrent son chemin, Paul émergea tel un phénix des cendres, prêt à embrasser une nouvelle phase de sa vie. Ce fut une période de renaissance, où il se réinventa et se redéfinit, transformant les épreuves passées en une source d'inspiration et de force.

La renaissance de Paul commença par un renouveau professionnel. Fort de ses expériences passées, il aborda sa carrière avec une nouvelle détermination et une vision renouvelée. Il saisit les opportunités qui se présentaient à lui avec audace et confiance, utilisant son expertise et son savoir pour conquérir de nouveaux sommets dans son domaine.

Mais la renaissance de Paul ne se limitait pas à sa carrière professionnelle. Il embrassa également une transformation personnelle profonde, cherchant à devenir la meilleure version de lui-même. Il travailla sur ses faiblesses, cultiva ses forces et s'engagea dans un voyage d'auto découverte et de croissance personnelle.

Au fur et à mesure que Paul avançait sur son chemin de renaissance, il trouva la paix intérieure et la satisfaction dans sa vie. Il réalisa que le vrai bonheur ne résidait pas dans les succès extérieurs ou les biens matériels, mais dans la joie de vivre chaque moment pleinement et de trouver un sens et un but dans ce qu'il faisait.

La renaissance de Paul fut un rappel puissant de la force de l'esprit humain et de sa capacité à se relever après avoir été abattu. C'était un témoignage vivant du pouvoir de la persévérance, de la détermination et de la foi en soi, des qualités qui avaient guidé Paul tout au long de son voyage vers le succès.

En définitive, la renaissance de Paul se manifesta par sa transformation d'une personne marquée par les épreuves en un individu fort, confiant et épanoui. Ce renouveau et cette croissance se traduisirent aussi par le fait que Paul embrassait les multiples possibilités qui s'offraient à lui avec un cœur ouvert et une volonté inébranlable.

Chapitre 11 : Les fondations du succès

Ayant traversé les tempêtes de la vie et émergé plus fort de l'autre côté, Paul réalisa que pour atteindre le sommet du succès, il devait établir des fondations solides sur lesquelles bâtir son avenir. Alors, il commença le début de la construction de ces fondations, un processus méticuleux et intentionnel qui allait définir le cours de sa vie.

La première fondation que Paul s'efforça de poser fut celle de l'intégrité et de l'éthique. Il comprit que le succès véritable ne pouvait être atteint qu'en agissant avec honnêteté, respect et compassion envers les autres. Il s'engagea à faire preuve d'intégrité dans toutes ses interactions, à être fidèle à ses valeurs et à faire ce qui était juste, même lorsque cela était difficile.

La deuxième fondation fut celle de la résilience et de la persévérance. Paul avait appris de ses épreuves passées que le chemin vers le succès était souvent semé d'embûches et de revers. Il s'engagea à persévérer malgré les obstacles, à rester fort face à l'adversité et à se relever chaque fois qu'il trébuchait. Il comprit que c'était sa capacité à surmonter les défis qui le mènerait finalement à la réussite.

La troisième fondation fut celle de la connaissance et de l'apprentissage continu. Il réalisa que pour rester pertinent dans un monde en constante évolution, il devait continuellement chercher à acquérir de nouvelles compétences et à approfondir ses connaissances. Il s'engagea à être un étudiant de la vie, à rester ouvert aux nouvelles idées et aux nouvelles perspectives, et à chercher des opportunités d'apprendre et de grandir à chaque occasion qui se présentait à lui.

Enfin, la quatrième fondation fut celle de la gratitude et de l'humilité. Paul savait qu'il n'aurait pas pu arriver là où il était sans l'aide et le soutien des autres. Il s'engagea à exprimer sa gratitude envers ceux qui l'avaient aidé dans son parcours, à reconnaître ses propres limitations et à rester humble dans ses succès.

Ainsi, la construction des fondations du succès de Paul fut érigée sur un processus reposant sur l'intégrité, la résilience, la connaissance et la gratitude. C'est un processus au cours duquel il engagea sa détermination et son dévouement ce qui lui permit de poser les bases d'une vie pleine de réalisations et d'accomplissements.

Chapitre 12 : Les alliés de la réussite

Paul, avançant sur son chemin vers le succès, réalisa l'importance capitale d'avoir des alliés solides à ses côtés. Ces alliés étaient des personnes qui le soutenaient, l'inspiraient et le guidaient dans ses efforts pour atteindre ses objectifs.

Le premier allié de Paul fut sa famille. Malgré les défis et les difficultés auxquels ils avaient été confrontés, sa famille avait toujours été là pour le soutenir, l'encourager et le pousser à donner le meilleur de lui-même. Leur amour inconditionnel et leur soutien indéfectible furent une source de force et de réconfort pour lui dans les moments difficiles.

Lorsque Paul décida de poursuivre ses études universitaires dans une ville éloignée, sa famille lui offrit un soutien financier et émotionnel sans failles. Bien que cela représentât un sacrifice financier pour eux, ils firent tout leur possible pour l'aider à réaliser son rêve. Leurs encouragements constants et leur confiance en ses capacités lui donnèrent la force et la détermination nécessaires pour persévérer malgré les défis du parcours universitaire. En partageant ses victoires et ses déboires avec sa famille, Paul renforça encore davantage les liens qui les unissaient, créant ainsi un cercle de soutien solide et indéfectible autour de lui.

Le deuxième allié de Paul fut son mentor. Depuis leur rencontre décisive, son mentor avait joué un rôle crucial dans son parcours vers le succès. Il lui avait offert des conseils avisés, des encouragements sincères et un soutien inestimable alors qu'il naviguait à travers les défis de la vie. Grâce à son mentor, Paul avait trouvé la guidance et l'inspiration dont il avait besoin pour avancer avec confiance et détermination.

Le troisième allié de Paul fut ses amis. Ces compagnons de voyage partageaient ses rêves, ses aspirations et ses valeurs, et étaient toujours là pour le soutenir dans ses moments de doute et d'incertitude. Leur amitié était un baume pour son âme, une source de joie et de camaraderie qui lui donnait la force de continuer à avancer, peu importe les obstacles qui lui faisaient opposition sur son chemin.

Enfin, le quatrième allié de Paul fut sa propre détermination et sa foi en lui-même. Malgré les défis et les revers qu'il avait rencontrés, Paul refusait de se laisser décourager. Il puisa sa force dans sa conviction inébranlable en ses propres capacités et dans sa détermination à réussir, malgré les multiples embûches sur son chemin.

Les alliés de Paul, qu'ils soient membres de sa famille, mentors, amis ou sa propre force intérieure, jouèrent un rôle essentiel dans son parcours vers le succès. Ici furent célébrés le pouvoir des relations humaines et l'importance d'avoir un réseau de soutien solide pour atteindre ses objectifs.

Chapitre 13 : Les sacrifices inévitables

Paul dut plonger dans la réalité implacable de consentir des sacrifices pour poursuivre ses rêves de succès. Confronté à des décisions difficiles touchant à la fois sa vie personnelle et professionnelle, il dut faire preuve d'abnégation et de fermeté pour surmonter les sempiternels défis étalés sur son chemin.

D'abord, pour atteindre ses objectifs ambitieux, Paul prit des décisions difficiles quant à la manière dont il alloua son temps, son énergie et ses ressources. Il comprit que certains aspects de sa vie devaient passer au second plan pour permettre à ses aspirations professionnelles de prendre le dessus. Il dut donc faire des compromis et renonça à certaines choses qui lui étaient chères. Cependant, il vit ces sacrifices comme des investissements dans son avenir et comme des étapes nécessaires sur le chemin de la réalisation de ses aspirations les plus profondes. D'ailleurs, pour se concentrer pleinement sur le développement de son entreprise, il décida de consacrer moins de temps à ses loisirs et à ses passe-temps. Bien qu'il appréciât ces activités, il sut que pour réussir dans le monde des affaires, il devait être prêt à sacrifier son temps libre pour se consacrer entièrement à son travail

Ensuite, Paul était conscient que le chemin vers le succès exigeait souvent de renoncer au confort et à la sécurité. Il dut sortir de sa routine familière, prendre des risques calculés et faire des choix qui le mettaient parfois en situation d'incertitude et de vulnérabilité, comme lorsqu'il a décidé de quitter son emploi stable pour se lancer dans l'entrepreneuriat.

Enfin, les sacrifices professionnels de Paul eurent un impact sur ses relations personnelles. Il fut amené à passer moins de temps avec sa famille et ses amis, ce qui qui entraîna des tensions et des difficultés dans ses relations interpersonnelles. Lorsque

Paul se vit offrir une opportunité de carrière qui nécessitait de déménager dans une nouvelle ville, il dut prendre une décision difficile quant à l'impact que cela aura sur sa vie personnelle. Bien qu'il fût conscient des défis que cela représentait, il décida de saisir cette opportunité, sachant que c'était un pas de plus vers la réalisation de ses ambitions professionnelles.

En conclusion, la route de la réussite passait par une série de sacrifices inévitables que Paul devait consentir. Bien que ces sacrifices pussent être difficiles, Paul les accepta avec ténacité et engagement, sachant qu'ils étaient indispensables pour atteindre ses objectifs les plus ambitieux.

Chapitre 14 : Les victoires du courage

Le courage, cette qualité héroïque qui permet à un individu d'affronter l'adversité avec détermination et résolution, était un compagnon constant dans le voyage de Paul vers le succès. Les nombreuses victoires remportées par Paul l'eurent été grâce à son courage sans faille.

Tout au long de son parcours, Paul fut confronté à des défis qui testaient sa bravoure et sa détermination. Que ce soit dans sa vie personnelle ou professionnelle, il dut faire preuve de courage pour surmonter les obstacles qui se dressaient sur son chemin.

Une des victoires les plus significatives du courage de Paul fut sa capacité à prendre des risques calculés pour poursuivre ses rêves. Malgré les doutes et les peurs qui l'assaillaient, il osa sortir de sa zone de confort et poursuivre des opportunités qui semblaient hors de sa portée. Ce courage lui permit de découvrir de nouveaux horizons et d'ouvrir des portes qu'il n'aurait jamais cru possible.

Un jour, alors qu'il envisageait de présenter une idée novatrice lors d'une réunion importante, il ressentit une vague de doutes et d'incertitudes. C'était un projet risqué qui nécessitait un investissement considérable en temps et en ressources, et Paul n'était pas sûr de la réaction de ses supérieurs.

Cependant, avec le soutien et l'encouragement de son collègue proche, Sarah, Paul décida de prendre le risque. Sarah l'encouragea à croire en ses capacités et à ne pas laisser la peur de l'échec l'empêcher de poursuivre ses rêves. Elle lui offrit des conseils précieux et lui assura qu'elle serait là pour le soutenir, quoi qu'il advienne.

Porté par le soutien et l'encouragement de Sarah, Paul présenta son idée avec assurance et conviction lors de la réunion.

Bien que les premières réactions fussent mitigées, il ne se laissa pas décourager. Il continua à défendre son projet avec passion, démontrant ainsi son courage et sa détermination à poursuivre ses rêves malgré les obstacles.

Finalement, son initiative audacieuse porta ses fruits lorsque son projet fut approuvé, ouvrant ainsi la voie à de nouvelles opportunités et à des réalisations remarquables. La collaboration et le soutien de Sarah jouèrent un rôle crucial dans le succès de Paul, soulignant ainsi l'importance d'avoir des collègues qui croient en vous et vous encouragent à prendre des risques calculés pour atteindre vos objectifs.

Une autre victoire fut sa capacité à affronter l'adversité avec dignité et ténacité. Confronté à des revers et des échecs, Paul rejeta résolument toute défaite. Il puisa dans sa force intérieure pour affronter ces défis avec une détermination acharnée, transformant ainsi chaque obstacle en une occasion de croître et de se développer personnellement.

Enfin, le courage de Paul se manifesta dans sa capacité à être authentique et fidèle à lui-même, même lorsque cela était difficile. Il refusa de se conformer aux attentes des autres ou de compromettre ses valeurs pour obtenir le succès. À travers son courage, il inspira ceux qui l'entouraient à suivre leur propre voie avec assurance et intégrité.

Lorsque Paul se retrouva confronté à une situation au travail où il devait choisir entre suivre les directives de sa hiérarchie, qui étaient en désaccord avec ses valeurs personnelles, ou rester fidèle à ses convictions, il fit preuve d'un courage remarquable.

Entre céder à la pression et compromettre ses principes, Paul décida de faire entendre sa voix. Il exprima ouvertement et respectueusement ses préoccupations, expliquant en quoi les décisions envisagées étaient contraires à ses valeurs fondamentales.

Son attitude authentique et son intégrité inspirèrent ses collègues, qui furent encouragés à remettre en question les normes établies et à être fidèles à leurs propres convictions. Bien que sa position puisse sembler risquée, Paul resta ferme dans sa décision, sachant qu'il était plus important d'être fidèle à lui-même que de rechercher le succès à tout prix.

Sa prise de position courageuse eut un impact positif sur l'entreprise, en encourageant un dialogue ouvert et en favorisant un environnement où chacun se sentait libre d'exprimer ses opinions sans craindre d'être jugé.

Le courage de Paul lui permit, non seulement, de rester fidèle à ses valeurs, mais aussi d'inspirer les autres à faire de même, créant ainsi un changement positif au sein de l'entreprise.

En conclusion, le courage de Paul lui permit de remporter de nombreuses victoires sur son chemin vers le succès. La bravoure de l'esprit humain est donc constitutive d'une force qui peut surmonter les défis les plus redoutables et triompher face à l'adversité.

Chapitre 15 : Les triomphes de la résilience

La résilience, cette capacité à rebondir après les revers et à se relever plus fort que jamais, était une force motrice dans le voyage de Paul vers le sommet de la montagne de sa vie. Les nombreux triomphes remportés par Paul purent être mis en exergue grâce à sa résilience soutenue.

Confronté à des obstacles apparemment insurmontables, il refusa de se laisser écraser mais puisa dans sa résolution pour persévérer et avancer dans ce tourbillon d'épreuves.

Une des plus grandes victoires de la résilience de Paul fut sa capacité à se remettre des échecs et des revers. Plutôt que de se laisser submerger par le découragement, il utilisa chaque défaite comme une leçon précieuse, une opportunité de croissance et de développement personnel. Il comprit que c'étaient les moments les plus sombres de sa vie qui le formaient le plus profondément, qui lui apprenaient les leçons les plus importantes sur lui-même et sur le monde qui l'entourait. C'est le cas après plusieurs refus pour des promotions, il décida de se concentrer sur le perfectionnement de ses compétences et sur l'exploration de nouveaux domaines. Et finalement, son engagement porta ses fruits lorsqu'il obtint une promotion tant convoitée.

De plus, il savait maintenir le cap malgré les défis personnels. En effet, face à des défis personnels menaçant de le décourager, il sut toujours garder la tête haute. Des tensions familiales et des problèmes personnels vinrent s'ajouter à sa charge, mais il refusa de se laisser submerger. Grâce à sa ténacité, il trouva des solutions créatives pour surmonter ces obstacles et maintenir le cap vers ses objectifs. L'exemple le plus éloquent est l'équilibre qu'il sut trouver entre sa vie professionnelle et personnelle.

Il trouva des moyens novateurs pour gérer le stress et les conflits, préservant ainsi son énergie pour poursuivre ses aspirations professionnelles.

Une autre victoire fut sa capacité à s'adapter aux changements et à faire face à l'incertitude avec courage et fermeté. Face aux bouleversements inattendus de la vie, il refusa de se laisser déstabiliser. Il embrassa chaque défi avec résolution, ce qui lui permit de trouver des solutions durables et nécessaires à la contrariété.

Enfin, la résilience de Paul se manifesta dans sa capacité à trouver la lumière dans l'obscurité, à garder espoir même dans les moments les plus difficiles. Malgré les tempêtes qui faisaient rage autour de lui, il resta fermement ancré dans sa conviction que chaque épreuve était une opportunité de croissance et de transformation.

Tout compte fait, la résilience de Paul fut un des éléments catalyseurs l'ayant permis de triompher des défis les plus redoutables et de continuer à avancer vers ses rêves. Sa ténacité restant un exemple inspirant de la puissance de la détermination dans la réalisation de ses objectifs.

Chapitre 16 : Les récompenses du travail acharné

Le travail acharné était la pierre angulaire du succès de Paul. À un moment donné, il récolta de nombreuses récompenses grâce à son dévouement et sa persévérance inlassables.

Depuis sa plus tendre enfance, Paul avait appris que rien ne pouvait remplacer le travail acharné jointe à la détermination. Il consacra d'innombrables heures à perfectionner ses compétences, à poursuivre ses objectifs avec zèle et à surmonter les multiples obstacles parsemés sur le chemin de son existence.

Une des récompenses les plus évidentes du travail acharné de Paul fut son succès professionnel. Grâce à son engagement persistant et à son dévouement à son métier, il atteignit des sommets dans sa carrière, gravissant les échelons de l'échelle du succès avec une détermination implacable. Il devint une référence dans son domaine, reconnu pour son expertise et son leadership inégalés.

Après des années de travail assidu et de sacrifices, Paul se vit offrir une promotion tant attendue à un poste de direction au sein de son entreprise. Cette reconnaissance officielle de son dévouement et de son expertise fut une confirmation éclatante de ses réussites passées. Non seulement il avait gravi les échelons de l'entreprise, mais il avait également acquis le respect et l'admiration de ses pairs et de ses supérieurs. Sa nouvelle position lui offrait l'opportunité de mettre en pratique ses idées novatrices et d'inspirer une nouvelle génération de professionnels. Ainsi, le succès professionnel de Paul devint une source de fierté non seulement pour lui-même, mais aussi pour ceux qui avaient eu la chance de travailler à ses côtés.

Mais les récompenses du travail acharné de Paul ne se limitaient pas à sa carrière professionnelle. Il découvrit également un sentiment de satisfaction et d'accomplissement profond dans son travail, une récompense qui ne pouvait être mesurée en termes de succès ou de reconnaissance extérieure. Il trouva de la joie dans le processus même de création, dans le défi de relever de nouveaux défis et dans la satisfaction de savoir qu'il donnait le meilleur de lui-même chaque jour.

Enfin, le travail acharné de Paul lui apporta un sentiment de confiance et d'estime de soi. En surmontant les obstacles et en atteignant ses objectifs grâce à son propre travail, il réalisa qu'il était capable de réaliser tout ce qu'il désirait dans la vie. Cette confiance en soi lui donna la force de continuer à avancer, peu importe les défis qui s'opposaient à lui durant son difficile périple.

Avec cette nouvelle confiance en lui-même, Paul aborda chaque nouvelle entreprise avec audace et détermination. Qu'il s'agisse de projets ambitieux au travail ou de défis personnels, il savait qu'il avait en lui la force et les compétences nécessaires pour réussir.

Cette confiance en soi transparaissait dans son attitude et dans la façon dont il interagissait avec les autres. Il était désormais prêt à prendre des risques calculés et à sortir de sa zone de confort, convaincu qu'il pouvait surmonter n'importe quel obstacle sur son chemin.

Au fil du temps, cette confiance en soi devint un catalyseur pour de nouvelles opportunités et de nouveaux succès. Il attira à lui des collaborations fructueuses, des mentors inspirants et des défis stimulants qui lui permirent de continuer à évoluer et à se développer en tant que professionnel et en tant qu'individu.

Le travail acharné de Paul ne se limita pas à son succès professionnel, mais engendra également une transformation intérieure qui le propulsa vers de nouveaux sommets, rempli de confiance et d'assurance à chaque étape de son parcours.

En définitive, le travail acharné de Paul lui apporta de nombreuses récompenses, à la fois tangibles et intangibles. C'est le cas de la puissance du dévouement et de la persévérance, une force qui peut transformer les rêves en réalité et conduire à un succès durable et gratifiant.

Chapitre 17 : Persévérance vs échec

Dans le parcours de Paul vers le succès, les échecs ne furent pas des obstacles insurmontables, mais plutôt des opportunités d'apprentissage précieuses. Ces leçons qu'il tira des moments de défaite et de revers étaient en fait, pour lui, utiles à la construction de son avenir.

Avec l'expérience tirée du périple de sa vie, Paul apprit que l'échec était une partie inévitable du chemin vers le succès. Plutôt que de le craindre, il l'accepta comme un enseignement essentiel sur la voie de l'accomplissement. Chaque échec était une occasion d'apprendre, de grandir et de s'améliorer et d'exceller.

Une des leçons les plus importantes que Paul tira de l'échec fut celle de l'humilité. Il s'accorda à reconnaître ses propres limites et à accepter qu'il ne pût pas toujours réussir du premier coup. L'échec lui apprit à être humble, à demander de l'aide lorsque c'était nécessaire et à être ouvert aux conseils et aux critiques constructives.

Après avoir intégré cette leçon d'humilité, Paul se lança dans un nouveau projet avec une approche différente. Plutôt que de chercher à tout faire seul, il s'entoura d'une équipe talentueuse et diversifiée. Ensemble, ils travaillèrent avec ardeur, partageant des idées et des perspectives variées. Lorsque des obstacles surgissaient, Paul n'hésitait pas à solliciter l'expertise de ses collègues et à écouter attentivement leurs conseils. Cette collaboration fructueuse leur permit de surmonter les défis avec succès, et Paul réalisa que la vraie force résidait dans l'humilité et la capacité à reconnaître et à valoriser les compétences de chacun.

Une autre leçon fut celle de la résilience. Face à l'adversité et à la défaite, Paul refusa de se laisser submerger par le souci et la honte nés du manque de réussite. Il trouva toujours le moyen de puiser, les ressources nécessaires au maintien d'un moral haut, dans sa force intérieure pour surmonter les embûches et continuer à avancer malgré les revers. L'échec lui apprit que la véritable mesure du succès n'était pas de ne jamais tomber, mais de savoir se relever chaque fois que l'on trébuche.

Guidé par la leçon précieuse de résilience, Paul se retrouva confronté à un nouveau défi de taille. Son projet ambitieux rencontra des difficultés imprévues, menaçant de le faire sombrer dans le découragement. Cependant, puisant dans sa résilience nouvellement acquise, il refusa de se laisser vaincre par les obstacles. Chaque revers devint une opportunité de croissance et d'apprentissage. Avec une détermination renouvelée, Paul adapta sa stratégie, surmonta les échecs passés et persista dans sa quête avec une résolution inébranlable. Sa capacité à rebondir face à l'adversité lui permit non seulement de survivre aux tempêtes, mais aussi de prospérer, démontrant ainsi que la véritable force réside dans la capacité à se relever, encore plus fort, après chaque chute.

Enfin, l'échec enseigna à Paul l'importance de la persévérance. Il comprit que le succès n'était pas toujours immédiat, et que parfois il fallait travailler dur et continuer à avancer contre toute attente. L'échec lui apprit à rester déterminé et à garder espoir même dans les moments les plus sombres, les plus incertains.

Alors que Paul s'efforçait de persévérer malgré les défis, il rencontra une résistance inattendue sous la forme d'un collègue jaloux. Ce collègue, voyant le potentiel de Paul, décida de lui mettre des bâtons dans les roues pour saboter ses efforts.

À plusieurs reprises, il dissimula des informations cruciales, dénigra le travail de Paul en réunions professionnelles, et alla même jusqu'à lui faire des coups bas en coulisses. Ces actions perfides auraient pu briser l'esprit de bien des individus, mais Paul refusa de se laisser abattre.

Malgré les obstacles posés par ce collègue malveillant, Paul continua, résolument, à avancer. Il chercha des solutions créatives pour contourner les pièges tendus sur son chemin, se focalisant sur ses objectifs avec une fermeté inaltérable.

Finalement, grâce à sa persévérance et à son refus de se laisser intimider, il réussit à triompher. Son succès démontra que même lorsque d'autres tentent de vous barrer la route, la persévérance et la résilience peuvent vous permettre de surmonter tous les obstacles sur le chemin de la réussite.

Paul , ami de l'apprentissage, sut tirer des leçons précieuses de l'échec, transformant chaque revers en une opportunité de croissance et de développement personnel. Ainsi, le savant mélange de l'humilité, de la résilience et de la persévérance que Paul marina en lui dans le but de préparer un avenir meilleur, fut la preuve de la force de l'esprit humain à surmonter les défis et à triompher face à l'adversité.

Chapitre 18 : La gratitude et l'abondance

Au cœur du succès de Paul se trouvaient la gratitude et la reconnaissance pour les nombreuses bénédictions de sa vie. Le rôle de la gratitude est essentiel dans la création d'une abondance durable et épanouissante.

Paul ayant saisi le sens profond de cela voulut partager son expérience avec ses proches et leur écrivit ces mots : *« Chers parents et amis : Vous êtes tous témoins de mon difficile parcours jusqu'à ce jour. Mais j'ai appris à ne jamais négliger la gratitude source d'abondance. Plongeons dans les profondeurs de la gratitude ou reconnaissance et de l'abondance, deux concepts qui semblent souvent flotter en surface, mais dont la véritable essence peut transformer nos vies de manière radicale.*

Reconnaissance : Le Pouvoir de la Gratitude.

La gratitude est plus qu'une simple émotion. C'est une force dynamique qui peut transformer notre perception du monde et notre façon d'interagir avec lui. Prenez un moment pour réfléchir à toutes les choses pour lesquelles vous êtes reconnaissant. Que ce soit le sourire chaleureux d'un ami, le soleil qui se lève chaque matin ou simplement le fait d'avoir un toit au-dessus de votre tête, il y a toujours quelque chose à apprécier.

En exprimant régulièrement notre gratitude, nous changeons notre état d'esprit pour nous concentrer sur le positif plutôt que sur le négatif. Cela crée un cercle vertueux où plus nous sommes reconnaissants, plus nous attirons de bonnes choses dans nos vies. C'est le pouvoir de l'attraction à son meilleur : ce sur quoi nous nous concentrons, nous l'attirons.

Abondance : La Richesse de l'Esprit

L'abondance ne se limite pas à la richesse matérielle. C'est aussi la richesse de l'esprit, la plénitude dans chaque aspect de notre être. Lorsque nous cultivons un état d'esprit d'abondance, nous reconnaissons que le monde est rempli de possibilités infinies. Nous sommes ouverts à recevoir tout ce que la vie a à offrir, que ce soit des opportunités, des relations enrichissantes ou même de simples moments de joie.

Illustrons cela par un exemple : imaginez un arbre fruitier. Lorsque l'arbre est bien entretenu, il produit une abondance de fruits succulents. De même, lorsque nous entretenons notre esprit avec des pensées positives, des actions bienveillantes et une gratitude sincère, nous récoltons une abondance de bénédictions dans nos vies.

Conclusion : Cultiver la gratitude pour récolter l'abondance

En conclusion, la gratitude et l'abondance sont comme les deux faces d'une même pièce. Lorsque nous cultivons la gratitude dans nos cœurs, nous ouvrons la porte à une abondance de bienfaits dans nos vies. C'est un voyage qui commence par un simple acte de reconnaissance et qui peut nous mener vers des horizons insoupçonnés de prospérité et de bonheur.

Alors, prenez un moment pour exprimer votre gratitude, pour reconnaître les merveilles qui vous entourent, et préparez-vous à accueillir une abondance infinie dans votre vie. »

Paul comprit que la gratitude n'était pas simplement une réaction aux événements positifs de sa vie, mais plutôt une attitude profonde envers chaque aspect de son existence. Il apprit à apprécier les petites joies du quotidien aussi bien que les grands accomplissements, trouvant de la beauté et de la satisfaction dans les moments les plus simples.

Une des leçons les plus importantes que Paul tira de la gratitude fut celle de l'abondance intérieure. En reconnaissant et en appréciant ce qu'il avait déjà, il réalisa que le bonheur et le contentement ne dépendaient pas de ses possessions matérielles ou de ses succès extérieurs, mais plutôt de son état d'esprit et de sa perspective sur la vie.

La gratitude de Paul lui apporta également un sens de connexion et d'appartenance. En reconnaissant les nombreuses personnes qui avaient contribué à son succès, il se sentit lié à quelque chose de plus grand que lui-même, à une communauté de soutien et d'amour qui l'entourait.

Enfin, la gratitude de Paul lui permit de créer une abondance durable dans sa vie. En appréciant ce qu'il avait déjà, il attira davantage de bénédictions dans sa vie, créant un cercle vertueux de gratitude et de prospérité qui ne cessait de croître.

Finalement, il existait une relation de cause à effet entre la gratitude et l'abondance. La gratitude de Paul lui apporta une abondance durable et épanouissante dans sa vie. La mise en évidence de cette relation devrait inciter plus d'une personne à reconnaître la puissance de la gratitude à transformer les vies et à créer un sentiment de plénitude et de satisfaction profonde.

Chapitre 19 : La compassion et l'empathie

La compassion et l'empathie étaient des qualités essentielles dans le parcours de Paul vers la réussite. Ces deux vertus furent des pièces indispensables dans la création d'un impact positif sur le monde qui l'entourait.

Pour véritablement et sincèrement aider quelqu'un, Paul avait appris l'importance de se mettre à la place des autres et de ressentir leur douleur. Il comprit que la compassion était bien plus qu'un simple sentiment de sympathie ; c'était une action transformative qui pouvait apporter du réconfort et du soutien à ceux qui en avaient besoin.

Une des façons dont Paul exprima sa compassion fut par le bénévolat et le service à autrui. Il consacra une partie de son temps et de ses ressources à aider les moins fortunés, à soutenir les communautés marginalisées et à contribuer au bien-être de la société dans son ensemble. En agissant ainsi, il créa un impact positif durable dans le monde qui l'entourait, semant les graines de l'espoir et de la guérison là où il y avait autrefois de la douleur et de la souffrance.

L'empathie de Paul lui permit également de créer des liens profonds et significatifs avec les autres. En écoutant attentivement et en comprenant les expériences des autres, il établit des relations basées sur la confiance, le respect et la compréhension mutuelle. Ces liens lui apportèrent un soutien inestimable dans les moments de joie et de tristesse, renforçant sa propre résilience et sa capacité à surmonter les défis de la vie.

Enfin, la compassion et l'empathie de Paul lui permirent de cultiver un sentiment de connexion universelle avec toute l'humanité. En reconnaissant la dignité et la valeur intrinsèque de chaque être humain, il contribua à créer un monde plus juste, plus équitable et plus compatissant pour tous.

En somme, les deux qualités, la compassion et l'empathie, permirent à Paul de créer un impact positif durable dans le monde qui l'entourait. L'expérience véritable de ces valeurs déboucha sur la puissance de l'amour et de la gentillesse à transformer les vies et à inspirer les autres à faire de même.

Chapitre 20 : La fierté et l'accomplissement

Après avoir parcouru un chemin semé d'embûches et de défis, Paul atteignit un point culminant dans son voyage vers le succès : la fierté et l'accomplissement. Les sentiments de satisfaction et d'accomplissement qui accompagnèrent les réalisations de Paul, mirent en lumière les étapes clés de son parcours vers le triomphe.

La fierté de Paul ne se limitait pas à ses réussites extérieures, mais découlait également de sa croissance personnelle et de son développement intérieur. Il se rappelait avec clarté les moments où l'ombre du doute s'était glissée dans son esprit, où il avait été tenté de laisser tomber face aux défis apparemment insurmontables. Cependant, avec le recul, il réalisait à quel point il avait mûri et évolué depuis ces jours sombres de sa vie. Cette réflexion sur son parcours lui procurait une satisfaction profonde et durable dans ses réalisations. Il en voulait pour preuve le moment où il envisagea d'abandonner ses études après avoir échoué à plusieurs reprises dans un cours difficile. Cependant, au lieu de capituler, il décida de relever le défi avec encore plus d'abnégation. Après des mois de travail acharné et de persévérance, il réussit finalement à surmonter ces écueils et à obtenir une note élevée dans le même cours. Cette expérience lui apprit la valeur de la persévérance et de l'abnégation, renforçant ainsi sa fierté dans ses réalisations personnelles.

En regardant en arrière, Paul constata également sa croissance émotionnelle et spirituelle. Il se souvint des moments où il fut submergé par le stress et l'anxiété, incapable de trouver un sens à ses luttes internes. Cependant, grâce à un travail continu sur lui-même, à la recherche de l'équilibre et à la pratique de la gratitude, il découvrit une paix intérieure et une résilience émotionnelle qui l'aidèrent à faire face aux hauts et bas de la vie avec sérénité. Cette transformation personnelle lui apporta une fierté profonde et authentique, bien au-delà de tout succès matériel. Il comprit alors que sa fierté et ses réalisations ne résidèrent pas seulement dans les objectifs qu'il atteignit, mais dans le voyage intérieur qu'il entreprit pour devenir la meilleure version de lui-même. C'est cette croissance personnelle et cet épanouissement intérieur qui alimentèrent sa fierté durable et lui donnèrent la force de continuer à avancer sur le chemin de la vie avec confiance et détermination.

L'accomplissement de Paul était également le fruit de ses efforts acharnés et de son dévouement inébranlable. Il se souvenait des longues heures de travail, des sacrifices et des compromis qu'il avait dû faire pour atteindre ses objectifs. Chaque obstacle surmonté, chaque défi relevé, était une victoire qui renforçait son sentiment d'accomplissement et de succès.

Mais plus que tout, la fierté et l'accomplissement de Paul venaient du sentiment de contribution et d'impact positif qu'il avait eu sur le monde qui l'entourait. Il voyait les changements qu'il avait apportés dans la vie des autres, les bénédictions qu'il avait semées dans la société, et il se rendait compte que son existence avait eu un sens profond et significatif.

Ainsi, la fierté et l'accomplissement de Paul furent les couronnes de son voyage vers le triomphe. Cela fut possible grâce à la puissance de la détermination, du travail acharné et de l'abnégation à transformer les rêves en réalité et à créer un environnement prospère.

Chapitre 21 : Les défis du maintien du succès

Avoir du succès dans ses entreprises est une chose, mais maintenir ce succès en l'état ou gagner encore plus d'échelons en est une autre. C'est ainsi que Paul, après avoir engrangé des victoires, se retrouva confronté à de nouveaux défis : ceux du maintien du succès. Les obstacles et les leçons que Paul dut affronter étaient des appuis pour préserver son succès et sa prospérité.

L'un des défis les plus pressants fut celui de la complaisance. Après avoir atteint un certain niveau de succès, Paul fut tenté de se reposer sur ses lauriers et de se satisfaire de ses réalisations passées. Cependant, il réalisa rapidement que le succès était un voyage continu, nécessitant un engagement constant et une recherche perpétuelle de l'excellence.

Un autre défi fut celui de l'adaptation au changement. Dans un monde en constante évolution, il comprit qu'il devait rester agile et adaptable pour maintenir son succès à long terme. Souvent, pour soutenir l'idée selon laquelle l'adaptation et l'humilité étaient des valeurs nécessaires dans la lutte contre le désœuvrement, Paul lançait toujours à ses proches : « *L'humilité c'est aussi faire preuve de flexibilité, d'adaptation aux circonstances du moment. C'est une qualité qui se forge en soi sur le chemin des épreuves conduisant à la réussite. L'humilité ne se décrète pas mais se vit ».* Il dut être prêt à remettre en question ses méthodes, à explorer de nouvelles opportunités et à s'adapter aux nouvelles réalités du marché.

En outre, il fut confronté au défi de la gestion du stress et de la pression. Avec le succès vint une plus grande responsabilité et une charge de travail accrue. Il dut apprendre à gérer efficacement son temps, son énergie et ses ressources pour éviter l'épuisement professionnel et maintenir son bien-être personnel.

Enfin, un défi constant fut celui de rester fidèle à ses valeurs et à son intégrité. Alors que le succès apportait son lot de tentations et de compromis, Paul refusa de sacrifier ses principes pour obtenir un avantage temporaire. Il resta fidèle à ses valeurs fondamentales, conscient que cette approche était essentielle pour atteindre un succès pérenne et satisfaisant.

Somme toute faite, Paul fit face aux défis du maintien du succès avec engagement et courage. Les valeurs de flexibilité, d'adaptabilité furent des outils nécessaires pour maintenir le succès à long terme et mirent en lumière les précieuses leçons apprises par Paul sur le chemin sinueux de la réussite.

Chapitre 22 : La transmission du savoir

Ayant consolidé son succès et surmonté de nombreux défis, Paul ressentit le désir profond de transmettre son savoir et son expérience à la génération suivante. C'est encore là, une nouvelle pierre qu'il voulait apporter dans la construction de l'édifice *« succès »* et dans la création d'un héritage durable.

Paul comprit que le succès n'avait de sens que s'il pouvait être partagé et transmis à ceux qui viendraient après lui. Conscient de l'importance de l'apprentissage continu et de l'échange de connaissances, il choisit d'adopter le mentorat comme moyen de transmettre son savoir et son expérience. Cette décision fut motivée par son désir profond d'aider les autres à réaliser leur plein potentiel et à éviter les erreurs qu'il avait lui-même commises au cours de son parcours.

Il partagea ses expériences, ses conseils et ses enseignements avec ceux qui étaient désireux d'apprendre, les guidant sur le chemin de la réussite et les aidant à éviter les pièges et les écueils qu'il avait lui-même rencontrés.

En termes de partage d'expériences, il raconta les hauts et les bas de sa carrière, les succès et les échecs, offrant ainsi des perspectives précieuses à ceux qui cherchaient à suivre ses traces. D'ailleurs, il prit sous son aile un jeune professionnel qui aspira à faire carrière dans le même domaine que lui. Il partagea avec lui les défis qu'il avait rencontrés au début de sa carrière et les stratégies qu'il avait utilisées pour les surmonter.

En ce qui concerne les conseils et enseignements, Paul prodigua des conseils pratiques et des enseignements avisés à ses protégés. Il les guida dans la prise de décisions importantes, les encourageant à explorer de nouvelles idées et à surmonter les obstacles avec confiance. Et il ne fallut pas longtemps pour qu'un entrepreneur en herbe sollicita ses conseils pour lancer sa propre entreprise. Paul lui offrit un soutien inestimable en partageant avec lui son expertise en matière de gestion d'entreprise et en l'aidant à élaborer un plan d'affaires solide.

Quant à la guidance sur le chemin de la réussite, Paul, grâce à ses conseils avisés, aida ses apprentis à tracer leur propre chemin vers le succès. Il les encouragea à définir des objectifs clairs et atteignables, et les soutint dans leur parcours professionnel et personnel. L'exemple le plus éloquent est celui d'une jeune diplômée universitaire qui rechercha des conseils sur la manière de naviguer dans le monde professionnel. Paul lui offrit, sans hésiter, des conseils sur la façon de construire un réseau professionnel, de rechercher des opportunités d'emploi et de développer des compétences clés pour réussir dans son domaine d'activité.

Pour les évitements des pièges et écueils, Paul, fort de ses propres expériences, fut le témoin vivant pour ses protégés à éviter les pièges et les écueils qui jalonnaient le chemin de la réussite. Il les mit en garde contre les erreurs courantes et leur offrit des stratégies de contournement de difficultés.

En outre, Paul investit dans l'éducation et le développement des communautés défavorisées, reconnaissant l'importance de donner aux autres les outils et les ressources nécessaires pour réussir dans la vie. Il créa des programmes éducatifs, des bourses d'études et des opportunités de formation professionnelle pour aider les jeunes à réaliser leur plein potentiel.

Enfin, Paul sut transmettre son savoir à travers l'exemple de sa propre vie. En vivant avec intégrité, détermination et compassion, il devint un modèle inspirant pour les autres, montrant qu'il était possible de réussir tout en restant fidèle à ses valeurs et à ses principes.

En fin de compte, Paul transmit son savoir et son expérience à la génération suivante, créant un héritage durable de succès, de sagesse et d'inspiration. À travers le pouvoir de l'éducation et du mentorat à changer des vies et à construire un avenir meilleur , il mit sur la voie du succès plusieurs de ses élèves. Paul aimait toujours leur répéter cette phrase: *« La vie n'a de sens que si vous saviez faire bénéficier aux autres votre ascension sociale ».*

Chapitre 23 : Les relations et les connexions

Dans le cheminement de Paul vers le succès, les relations humaines et les connexions qu'il a tissées ont joué un rôle central. Ceci dit, l'importance des liens interpersonnels participe activement dans la création d'une vie riche et épanouissante.

Paul comprit que les relations étaient la véritable richesse de la vie. À travers ses interactions avec les autres, il trouva un soutien inestimable, une inspiration constante et un sens de connexion profond avec le monde qui l'entourait.

Une des relations les plus précieuses de la vie de Paul fut celle avec sa famille. Il trouva un refuge dans leur amour inconditionnel et un soutien indéfectible dans les moments de joie et de peine. Le lien familial lui apporta un sentiment de sécurité et de stabilité qui lui permit d'affronter les défis de la vie avec courage et ténacité.

Les valeurs transmises par sa famille développèrent en lui un esprit d'entrepreneuriat dès son plus jeune âge. Alors que d'autres enfants jouaient aux jeux vidéo, Paul vendait des limonades faites maison devant la maison familiale, apprenant les rudiments du commerce dès son plus jeune âge.

Au fil des années, cet esprit entrepreneurial ne fit que croître. Après avoir terminé ses études universitaires, il décida de se lancer dans le monde des affaires. Avec le soutien inconditionnel de sa famille, il créa sa propre entreprise, une start-up innovante dans le domaine de la technologie.

Les débuts furent difficiles. Paul se heurta à de nombreux obstacles et défis, mais à chaque étape du chemin, sa famille était là pour le soutenir. Que ce soit en lui apportant des conseils avisés, en lui offrant un soutien financier ou tout simplement en lui rappelant qu'ils croyaient en lui, sa famille était son roc dans la tempête tumultueuse du monde des affaires.

Finalement, grâce à sa détermination sans faille et au soutien indéfectible de sa famille, son entreprise prospéra. Ce qui avait commencé comme une idée audacieuse dans un garage se transforma en une société florissante, créant des emplois et contribuant à l'innovation technologique.

Et lorsque Paul se tenait sur la scène, recevant des prix pour son entreprise prospère, il savait que ce succès était le fruit non seulement de son travail acharné, mais aussi du soutien et de l'amour de sa famille. Ils étaient sa source d'inspiration, sa motivation ultime à persévérer et à réussir. Et dans chaque succès, il voyait une preuve tangible de la puissance du lien familial, un lien qui l'avait toujours soutenu et qui continuerait à le soutenir dans tous les défis à venir.

En outre, Paul développa des amitiés sincères et durables qui enrichirent sa vie de manière significative. Ces compagnons de voyage partageaient ses joies et ses peines, ses succès et ses échecs, et étaient toujours là pour le soutenir dans ses efforts pour atteindre ses objectifs.

Parmi les amis de Paul se trouvait Sarah, une âme aussi audacieuse et passionnée que lui. Leur amitié était née dans les bancs de l'école, mais elle avait rapidement fleuri au fil des années pour devenir un lien indissoluble, forgé par des expériences partagées et des moments inoubliables.

Un jour, alors qu'ils se promenaient dans les rues animées de la ville, Sarah partagea avec Paul son rêve de créer un refuge pour les sans-abri. Elle avait été profondément marquée par les histoires de personnes démunies qu'elle avait rencontrées dans ses voyages et voulait faire quelque chose pour les aider.

Paul fut immédiatement séduit par cette idée et décida de la soutenir de toutes ses forces. Ensemble, ils firent des recherches, élaborèrent des plans et mobilisèrent des ressources. Leur détermination commune et leur passion pour la cause les poussèrent à surmonter tous les obstacles.

Après des mois de travail acharné et de dévouement, ils inaugurèrent enfin leur refuge, un lieu chaleureux et accueillant où les sans-abri pouvaient trouver un abri, de la nourriture et du réconfort. C'était un moment de triomphe pour Paul et Sarah, un moment où ils réalisèrent l'impact positif qu'ils pouvaient avoir sur la vie des autres.

Au fil des ans, le refuge prospéra, accueillant de plus en plus de personnes dans le besoin. Paul et Sarah, avec leur amitié solide comme un roc, continuèrent à travailler main dans la main pour faire une différence dans le monde, inspirant ceux qui les entouraient par leur détermination et leur compassion.

Et alors que Paul regardait en arrière sur le chemin parcouru, il savait que son amitié avec Sarah était bien plus qu'une simple relation. C'était une source d'inspiration, une force motrice qui l'avait poussé à viser toujours plus haut, à donner le meilleur de lui-même pour rendre le monde meilleur. Et il savait que peu importe où la vie les mènerait, leur amitié continuerait à illuminer leur chemin, éclairant chaque étape de leur voyage avec un éclat incomparable.

Paul comprit également l'importance des connexions professionnelles dans le monde des affaires. En établissant des relations solides avec ses collègues, ses partenaires commerciaux et ses mentors, il ouvrit de nouvelles portes et saisit des opportunités qui auraient été autrement inaccessibles.

Une des relations professionnelles les plus précieuses de Paul était celle avec Alex, un mentor expérimenté dans le domaine de l'entrepreneuriat. Leur rencontre fortuite lors d'une conférence avait rapidement évolué en une amitié professionnelle profonde et mutuellement bénéfique.

Alex était un visionnaire dans son domaine, et Paul avait soif d'apprendre de son expérience et de ses connaissances. Au fil des années, Alex devint un guide pour Paul, l'aidant à naviguer dans les eaux troubles du monde des affaires et à éviter les pièges courants.

Un jour, alors qu'ils partageaient un café dans un petit café du quartier, Alex partagea avec Paul un projet ambitieux qu'il avait en tête depuis longtemps : la création d'un incubateur de start-up pour soutenir les entrepreneurs en herbe. Il avait déjà le concept en tête, mais il avait besoin d'un partenaire de confiance pour concrétiser son rêve.

Paul était immédiatement intrigué par l'idée et se proposa volontiers pour être ce partenaire. Ensemble, ils mirent en œuvre leur plan, mobilisant leurs réseaux et leurs ressources pour transformer leur vision en réalité.

L'incubateur de start-up qu'ils créèrent ensemble devint rapidement un centre d'innovation et de créativité, attirant plusieurs entrepreneurs. Grâce à leur collaboration étroite et à leur détermination partagée, ils offrirent aux jeunes entreprises les outils, les ressources et le soutien dont ils avaient besoin pour réussir.

Pour Paul, cette collaboration avec Alex ne fut pas seulement une opportunité professionnelle, mais aussi une leçon inestimable sur l'importance des connexions professionnelles dans le monde des affaires. Grâce à cette relation, il avait non seulement élargi ses horizons et sa portée, mais il avait également trouvé un ami et un mentor dont l'influence continuerait à façonner son parcours professionnel pour les années à venir.

Enfin, Paul réalisa que les connexions humaines transcendaient les frontières de la vie individuelle et contribuaient à tisser le tissu social de la société dans son ensemble. En s'engageant dans sa communauté et en contribuant au bien-être des autres, il créa un impact positif qui se répercuta bien au-delà de sa propre vie.

Un jour, alors qu'il se promenait dans son quartier, il remarqua un groupe d'enfants jouant dans un parc délabré et abandonné. Leur visage rayonnant de joie contrastait avec l'état désolé de l'aire de jeu, envahie par les mauvaises herbes et jonchée de détritus.

Intrigué, Paul s'approcha du groupe et entama une conversation avec les enfants. Il apprit qu'ils venaient de familles défavorisées du quartier et qu'ils n'avaient que peu d'endroits où jouer en sécurité. Leur histoire le toucha profondément, et il décida de faire quelque chose pour changer les choses.

Avec l'aide de ses amis et de sa famille, Paul lança une campagne de collecte de fonds pour rénover le parc. Grâce à leur détermination et à leur engagement, ils réussirent à mobiliser la communauté tout entière, attirant des bénévoles de tous âges et de tous horizons pour redonner vie à l'espace abandonné.

Au fil des semaines, le parc se transforma sous leurs yeux, devenant un lieu de rencontre animé pour les familles du quartier. Les enfants pouvaient enfin jouer en toute sécurité, et les résidents avaient un endroit agréable où se retrouver et socialiser.

Mais l'impact de l'initiative de Paul ne se limita pas à la simple rénovation d'un parc. En travaillant ensemble pour améliorer leur environnement commun, les habitants du quartier avaient tissé des liens plus forts, renforçant le tissu social de leur communauté.

Paul réalisa alors que chaque petit geste de générosité et d'engagement avait le pouvoir de créer un impact positif bien au-delà de sa propre sphère d'influence. En s'investissant dans sa communauté et en contribuant au bien-être des autres, il avait semé les graines d'un changement durable, unissant les cœurs et les esprits pour un avenir meilleur pour tous.

En conclusion, les relations et les connexions enrichirent la vie de Paul et l'aidèrent à atteindre de nouveaux sommets de succès et de bonheur. Les liens humains eurent le pouvoir de nourrir l'âme et enrichir la vie de chacun.

Chapitre 24 : La redéfinition du succès

Après avoir parcouru un long chemin et atteint des sommets remarquables dans sa vie, Paul se retrouva à un carrefour où il devait redéfinir ce que signifiait le succès pour lui. Comment pouvait-il redéfinir le succès eu égard aux leçons qu'il apprit sur le véritable sens de la réussite partant de zéro?

Paul comprit que le succès ne se mesurait pas seulement par des réalisations extérieures telles que la richesse, le statut ou la renommée. Il réalisa que le vrai succès résidait dans le bonheur, la satisfaction et le bien-être intérieur.

Une des façons dont Paul redéfinit le succès fut en se concentrant sur son épanouissement personnel. Il comprit que le véritable succès était de vivre une vie pleine de sens et d'objectif, de suivre ses passions et ses valeurs les plus profondes, et de trouver la paix et la satisfaction dans chaque instant.

Paul avait toujours été passionné par la nature et la préservation de l'environnement. Alors qu'il réfléchissait à la façon de donner un sens plus profond à sa vie, il décida de s'engager pleinement dans cette cause qui lui tenait tant à cœur.

Il rejoignit une organisation locale de protection de l'environnement et commença à consacrer une partie de son temps libre à des actions concrètes, comme le nettoyage des plages et des parcs locaux, la plantation d'arbres et la sensibilisation à l'importance de la conservation de la nature.

Un jour, lors d'une de ces actions de nettoyage sur une plage très fréquentée, Paul rencontra un jeune garçon nommé Lucas. Lucas était fasciné par les efforts de Paul pour nettoyer l'environnement et lui posa de nombreuses questions sur la protection de la nature.

Inspiré par cette rencontre, Paul décida d'organiser des ateliers éducatifs pour les enfants de la communauté, afin de les sensibiliser à l'importance de prendre soin de leur environnement. Il utilisa son temps libre pour planifier et animer ces ateliers, partageant sa passion pour la nature avec la prochaine génération.

Les enfants étaient devenus plus conscients de l'importance de protéger la planète et étaient devenus des défenseurs enthousiastes de l'environnement.

Pour Paul, cet engagement dans la protection de l'environnement était une façon pour lui d'apporter sa pierre à l'édifice *« environnement meilleur pour nous et pour les générations futures ».*

En outre, Paul apprit à apprécier les petites joies de la vie et à cultiver une attitude de gratitude et de reconnaissance pour les nombreuses bénédictions qui remplissaient son existence. Il réalisa que le vrai succès résidait dans la capacité à savourer chaque moment et à trouver la beauté et la grâce dans les petites choses de la vie.

Lors d'une promenade matinale dans le parc, il remarqua un magnifique arc-en-ciel illuminant le ciel après une pluie légère. Il s'arrêta un instant pour contempler ce spectacle éblouissant, et dans cet instant, il réalisa à quel point la vie était remplie de beauté et de miracles simples.

Cette expérience lui ouvrit les yeux sur les petites joies de la vie. Il commença à prendre plaisir à des moments simples comme le chant des oiseaux au petit matin, le parfum des fleurs dans un jardin, ou un sourire échangé avec un étranger dans la rue.

Chaque jour, il prenait le temps de noter au moins une chose pour laquelle il était reconnaissant, que ce soit un rayon de soleil qui perçait à travers les nuages gris ou un moment de complicité partagé avec un être cher.

Cette pratique quotidienne de gratitude transforma sa perspective sur la vie. Et c'est dans cette attitude de gratitude et de reconnaissance qu'il trouva une source inépuisable de bonheur et de satisfaction.

Enfin, Paul redéfinit le succès en se tournant vers la contribution et le service aux autres. Il comprit que le véritable héritage d'une vie bien vécue résidait dans les traces qu'elle laissait dans le cœur des autres, dans les vies qu'elle touchait et dans les changements positifs qu'elle apportait au monde qui l'entourait.

Une rencontre fortuite avec une femme âgée nommée Marie dans un refuge pour personnes sans-abri où il bénévolait régulièrement, changea la conception de Paul sur le succès. Marie avait vécu une vie pleine d'épreuves et de difficultés, mais malgré cela, elle rayonnait d'une chaleur et d'une bienveillance extraordinaires.

Paul se lia d'amitié avec Marie et écouta attentivement ses histoires de vie. Il fut profondément touché par sa résilience et sa capacité à trouver de la beauté même dans les moments les plus sombres.

Un jour, Marie lui confia un vieux carnet rempli de poèmes et de réflexions qu'elle avait écrits au fil des ans. Ces mots simples mais puissants résonnèrent profondément en lui, et il réalisa soudainement l'impact qu'une seule personne pouvait avoir sur les autres, même dans les moments les plus modestes.

Guidé par l'exemple inspirant de Marie, Paul décida de consacrer une partie de son temps à écrire des lettres d'encouragement et d'espoir à des personnes dans le besoin, comme Marie l'avait fait pour lui.

Chaque lettre qu'il écrivait était empreinte de compassion et d'empathie, offrant un rayon de lumière dans l'obscurité de la vie de ceux qui en avaient besoin. Et au fil du temps, il vit l'impact profond que ces simples actes de service avaient sur les autres, leur apportant réconfort, espoir et encouragement dans leurs moments les plus difficiles.

Pour Paul, cette expérience fut une révélation. Il réalisa que le véritable succès résidait dans la capacité à donner de l'amour, de l'espoir et du réconfort aux autres, à laisser derrière soi un héritage d'amour et de compassion qui continuerait à rayonner bien après son départ.

Au final, Paul redéfinit le succès pour lui-même, embrassant une vision plus holistique et équilibrée de ce que signifie vraiment réussir dans la vie. Cette redéfinition était résumée par le pouvoir de la croissance personnelle et de la transformation pour amener les gens à une compréhension plus profonde et plus authentique du succès.

Chapitre 25 : Le voyage sans fin

La réflexion sur son parcours amena Paul à réaliser que le voyage vers le succès n'était jamais vraiment terminé. C'est une quête perpétuelle de croissance, de découverte et d'évolution.

Paul saisit que le succès n'était pas un point d'arrivée, mais plutôt un chemin continu. Chaque étape de son voyage lui avait apporté de nouvelles leçons, de nouvelles perspectives et de nouvelles opportunités de croissance. Il réalisa que la clé du succès résidait dans la capacité à embrasser ce voyage avec humilité, ouverture d'esprit et détermination.

Une des leçons les plus précieuses que Paul apprit fut celle de la persévérance. Il comprit que le succès n'était pas toujours facile à atteindre, et qu'il fallait parfois traverser des moments de doute, de difficulté et d'incertitude. Cependant, il réalisa que c'étaient ces moments qui le formaient le plus profondément, qui lui apprenaient les leçons les plus importantes sur lui-même et sur le monde environnant.

Un exemple captivant de la persévérance de Paul fut mis en évidence lorsqu'il décida de réaliser son rêve de gravir une montagne emblématique de sa région. Inspiré par des récits de conquêtes épiques, il se lança dans cette aventure avec détermination.

Le jour de l'ascension, tout semblait bien se dérouler au début. Mais bientôt, le temps se dégrada, la neige commença à tomber et les conditions devinrent de plus en plus difficiles. Paul se retrouva confronté à des vents violents, à des crevasses dangereuses et à des températures glaciales.

Malgré ces obstacles, il n'abandonna pas. Il puisa dans sa force intérieure et continua à avancer, un pas après l'autre, en dépit de l'épuisement et du doute qui l'assaillaient.

Finalement, après des heures d'effort intense, Paul atteignit enfin le sommet de la montagne. Épuisé mais triomphant, il contempla le paysage majestueux qui s'étendit devant lui, réalisant que chaque pas difficile, chaque défi surmonté, le rendit plus fort et plus résilient.

Cette expérience lui apprit que la persévérance est souvent la clé du succès. C'était parfois pendant les moments où l'on se trouvait au bord de l'abandon, mais où l'on décidait de continuer malgré tout, qui forgeaient le caractère et nous rapprochaient de nos objectifs les plus chers. Et c'était dans ces moments-là que l'on découvrait notre véritable force intérieure et notre capacité à surmonter les défis entravant le chemin de notre vie.

En outre, Paul réalisa que le succès était un voyage partagé. Il comprit l'importance de cultiver des relations solides avec les autres, de partager ses succès et ses échecs, et de s'entourer d'une communauté de soutien et d'encouragement.

Enfin, Paul prit conscience que le véritable succès se trouvait dans le fait de mener une vie remplie de sens et de but. Il comprit que l'héritage authentique d'une existence épanouie se mesurait aux empreintes qu'elle laissait dans les cœurs, aux vies qu'elle influençait et aux transformations positives qu'elle engendrait dans son environnement.

En résumé, Paul embrassa le voyage sans fin vers le succès avec courage, détermination et gratitude. Ce voyage fut rendu possible le pouvoir de la croissance personnelle et de la transformation continue dans la quête d'une vie bien vécue et significative.

Conclusion

Au terme de ce voyage captivant à travers la vie de Paul, nous sommes témoins de la transformation extraordinaire d'un homme ordinaire en un héros de sa propre histoire. À travers les hauts et les bas, les défis et les triomphes, nous avons suivi Paul dans sa quête de succès, de bonheur et de sens dans un monde parfois impitoyable.

De zéro à héro nous rappelle que le chemin vers le succès n'est jamais facile, mais que chaque obstacle surmonté, chaque épreuve traversée, renforce notre résilience et nous rapproche un peu plus de nos objectifs. Paul nous enseigne que la détermination, la persévérance et la foi en soi sont les clés de la réussite, et que même lorsque tout semble perdu, il y a toujours une lueur d'espoir à l'horizon.

Mais au-delà des réalisations extérieures, De Zéro à héro célèbre également les victoires intérieures de Paul : sa croissance personnelle, son développement spirituel et son épanouissement en tant qu'individu. Nous voyons comment il apprend à surmonter ses peurs, à se réinventer, et à redéfinir le succès selon ses propres termes.

En fin de compte, De zéro à héro est une histoire d'inspiration et d'espoir, qui nous rappelle que peu importe d'où l'on vient, ou les défis auxquels on est confronté, il est toujours possible de transformer sa vie et de devenir la meilleure version de soi-même. C'est une invitation à croire en nos rêves, à suivre notre passion, et à embrasser chaque instant avec gratitude et détermination.

Alors, que cette histoire de courage, de résilience et de triomphe continue de résonner en vous longtemps après avoir refermé ce livre. Que vous soyez inspiré à poursuivre vos propres rêves, à surmonter vos propres défis, et à embrasser la beauté et la richesse de la vie avec courage et détermination. Car après tout, comme Paul nous l'a si bien montré, le voyage de la vie est un voyage sans fin, rempli d'opportunités pour grandir, évoluer et devenir la meilleure version de nous-mêmes.

Morale de zéro à héro : une ascension dans l'adversité

Ce roman illustre avant tout la puissance de la résilience et de la persévérance dans la réalisation des objectifs personnels malgré les défis rencontrés. À travers le personnage de Paul, nous découvrons que même dans les circonstances les plus difficiles, il est possible de trouver la force intérieure pour se relever, se réinventer et poursuivre ses rêves avec passion et détermination. Cette leçon est particulièrement pertinente dans un monde où les obstacles peuvent sembler insurmontables et où les échecs sont inévitables.

De plus, le roman met en lumière l'importance des relations humaines et de la connexion avec les autres dans le cheminement vers le succès. Paul trouve un soutien précieux dans sa famille, ses amis et ses mentors, ce qui souligne le fait que le succès n'est pas une entreprise solitaire, mais plutôt le fruit de collaborations et de partenariats significatifs. Cette dimension souligne l'importance de cultiver des relations authentiques et de soutenir ceux qui nous entourent sur leur propre chemin vers le succès.

Enfin, De zéro à héro met en évidence le pouvoir transformateur de la croissance personnelle et du développement continu. Paul évolue tout au long du roman, non seulement sur le plan professionnel, mais aussi sur le plan personnel et spirituel. Il apprend à surmonter ses peurs, à se réinventer, et à redéfinir le succès selon ses propres termes. Cette évolution souligne l'idée que le succès ne se mesure pas uniquement par des réalisations extérieures, mais aussi par le développement de qualités intérieures telles que la compassion, l'empathie et la gratitude.

En résumé, la morale de De zéro à héro: Une ascension dans l'adversité est une célébration de la force de la résilience humaine, de l'importance des relations et de la nécessité de la croissance personnelle dans la quête d'une vie épanouissante et significative.

© 2024 Pierre LEDOUX
Édition : BoD – Books on Demand,
info@bod.fr
Impression : BoD – Books on Demand,
In de Tarpen 42, Norderstedt
(Allemagne)
Impression à la demande
ISBN : 978-2-3225-3900-0
Dépôt légal : Juin 2024